Diez semillas,

una hormiga.

Nueve semillas,

una paloma.

Ocho semillas,

un ratón.

Siete brotes,

una babosa.

Seis brotes,

un topo.

Cinco tallos,

un gato.

Cuatro plantitas,

una pelota.

Tres plantas grandes,

un cachorro.

Dos capullos,

un montón de insectos.

Una flor,

una abeja...

¡Diez semillas!